LE DOCTEUR DUBUISSON

EST-IL DE MAUVAISE FOI ?

QUIMPER
Typographie CAEN DIT LION.
1875

LE DOCTEUR DUBUISSON
EST-IL DE MAUVAISE FOI?

Tout le monde a eu connaissance dans le département du Finistère d'un article publié par le journal l'*Impartial* de Quimper, dans le but évident de ruiner, si faire se pouvait, un adversaire politique. Ce journal, qui compte très peu d'abonnés, a fait pour la circonstance un tirage extraordinaire et s'est vu distribuer à toutes les personnes dont on a pu se procurer l'adresse, même à celles qui ne savent pas lire:

En présence des accusations portées contre moi, je ne pouvais rester sans répondre. J'ai fait signifier ma réponse par huissier. Le rédacteur du journal a refusé de l'insérer, et le procès engagé à cette occasion durant beaucoup trop longtemps, je ne puis attendre davantage et je me décide à publier tous les documents relatifs à cette affaire.

Voici la plus grande partie de la réponse que j'adressais au journal:

Au Rédacteur en chef de l'*Impartial du Finistère*,

« Monsieur,

« Dans votre numéro du 25 avril dernier, vous avez publié sur mon compte un article que je m'abstiens de qualifier, dans la crainte de paraître emprunter un seul mot à votre langage.

« Je vais vous donner pour réponse des documents qui montreront à vos lecteurs ce qu'il faut penser de vos attaques.

« Vous insinuez d'abord que j'ai tenté de faire avorter la fille Bourhis, vous affirmez ensuite que j'ai voulu égarer les recherches de la justice et vous finissez en m'accusant d'être un délégué des comités révolutionnaires.

« Voilà bien vos différents griefs, n'est-ce pas? Examinons-les sucessivement et point par point.

« Voici ce que je relève textuellement sur mon registre, à la date du 30 août 1874 :

« Bourhis, Marie-Jeanne, Kerscao (Trégourez). — 28 ans. — gross. 4 mois ? — defll. — eau. 125 esp. mend. 20 gr. t. persil. — 1. c. t. heures. — 1 fr.

« Cette note veut dire, en traduisant les abréviations : Bourhis, Marie Jeanne, du village de Kerscao, en Trégourez, âgée de 28 ans, grossesse de 4 mois probable, déflorée, potion avec eau, 125 grammes, esprit de mendererus, 20 grammes teinture de persil quelques gouttes, une cuillerée toutes les heures, reçu 1 franc.

« Cette fille, que je ne connaissais pas et que je n'ai même pas reconnue lorsque je l'ai examinée après son accouchement, était venue se plaindre à moi d'une suppression. Je l'ai examinée et lui ai dit que je la croyais enceinte. Elle m'a nié qu'elle le fût et même qu'elle se fût jamais exposée à le devenir. C'est du reste une réponse que je me suis souvent entendu faire en pareil cas.

« Remarquez le point d'interrogation (?) qui suit mon diagnostic grossesse de 4 mois? La grossesse était en effet possible, probable même, mais cela pouvait parfaitement être tout autre chose. Un seul signe est infaillible, ce sont les battements du cœur du fœtus, et ils ne peuvent guère être perçus avant le cinquième mois, souvent beaucoup plus tard. J'ai entendu dire à l'un des professeurs de la faculté de Paris, qu'un médecin, qui affirme la grossesse d'une femme sans avoir entendu les battements du cœur du fœtus, s'expose à la risée de ses confrères et du public.

« Je laisse à penser, si j'ai eu raison de mettre là, la même réserve que j'ai montrée plus tard.

« Sur la demande de cette fille, je lui ai donné une potion composée principalement d'esprit de mendererus; les gouttes de persil ne sont là que pour colorer la potion. Consultez votre médecin : il vous dira que l'esprit de mendererus, ou acétate d'ammoniaque, est le remède du monde le plus inoffensif. C'est un excitant diffusible et un sudorifique. Je l'administre à toutes les femmes qui se présentent à moi dans la situation de cette fille, à moins que je ne remarque en elles quelque signe de mauvaise foi ; auquel cas, je leur refuse toute espèce de remède, pour ne point paraître encourager la pensée criminelle qu'elles peuvent nourrir.

« J'ai diverses raisons pour me servir de cette potion. D'abord, parce qu'il y a doute, et que fort souvent la femme n'est véritablement pas enceinte.

« Ensuite, parce que le remède ne peut avoir aucun effet nuisible, comme je viens de le dire et comme vous pourrez vous en assurer, puisque vous possédez ma formule.

« Enfin, je l'accompagne toujours de ces quelques mots : *si vous n'êtes pas enceinte, comme vous le dites, ce remède aura probablement l'effet que vous désirez ; si vous êtes enceinte, comme je le crois, cela ne changera rien à votre état.*

« Remarquez aussi le prix de ma consultation : un franc!

« Si c'est pour un semblable salaire que je me livre à la pratique des avortements, convenez qu'elle ne m'enrichira pas de sitôt.

« Du reste, je reconnais que vous avez bien voulu vous en tenir à cet égard à une insinuation. La voilà assez dissipée, je pense, pour que je puisse passer à vos autres allégations.

« *Je ne revois plus cette fille* ; et le 18 février 1875, je suis requis de l'examiner. Je procède à cet examen à 10 heures du soir et je consigne le résultat de mes observations dans un rapport que je ne reproduirai pas ici en entier, car une des raisons données par le journaliste pour refuser l'insertion de ma réponse, est basée sur la publication de cette pièce, qui serait, selon lui, rédigée en termes trop crus. Elle est, du reste, déjà suffisamment connue ; je l'ai fait imprimer à part, j'en ai expédié six cents par la poste et j'en adresserai un exemplaire à toute personne qui m'en fera la demande. Je me borne donc à en donner ici les conclusions : -

« I. L'utérus de la fille Bourhis, Marie-Jeanne, semble avoir subi un accroissement de volume assez considérable par suite du développement dans sa cavité, d'un produit qui peut avoir été une tumeur pathologique, mais qui était *beaucoup plus probablement un fœtus*.

« II. Ce produit a dû être expulsé, et peut-être si c'était un fœtus, avant le terme naturel.

« III. Il est impossible de fixer exactement à quelle époque a dû avoir lieu l'expulsion de ce produit ; il doit y avoir au moins trois semaines, et peut-être beaucoup plus longtemps. La présence constatée des menstrues donnerait lieu de fixer préférablement cette date à *un mois*, sans permettre de rien affirmer à cet égard.

« En foi de quoi nous avons rédigé et signé le présent rapport que nous déclarons conforme à la vérité.

« Châteauneuf, le 19 février 1875.

« Signé : **DUBUISSON**,
« Docteur-Médecin. »

« L'accouchement est *probable*, il remonte *probablement* à un mois. Telles sont mes déclarations.

« Tous les auteurs de médecine légale sont d'accord pour dire qu'il est impossible d'affirmer un accouchement après un certain temps.

« Orfila, dans son *Traité de médecine légale*, à l'article accouchement dit :

« Après *dix jours*, il est très-difficile d'*affir-*
« *mer* un accouchement récent ; les signes que
« l'on trouve peuvent seulement le faire *pré-*
« *sumer*. »

« Briant et Chaudé, dans leur *Traité de médecine légale*, page 173 :

« Ils ne sont bien évidents (les signes de l'ac-
« couchement) que pendant les *huit ou dix*
« *premiers jours*. »

« Et plus bas :

« Et dès lors (après *quinze jours*) il n'est
« plus possible de statuer avec certitude sur
« l'*époque*, NI MÊME SUR LA RÉALITÉ D'UN AC-
« COUCHEMENT RÉCENT. »

« Dans le *Dictionnaire de médecine*, pages 412 et 413, Marc dit :

« Les recherches médico-légales sur l'accou-

« chement ne sont pas dans quelques cas
« exemptes de difficultés ; car une femme peut
« offrir les traces de la *sortie d'un corps étran-*
« *ger, comme d'une môle, d'hydatides, d'un po-*
« *lype*, et que l'on pourrait prendre pour celui
« de l'expulsion d'un fœtus, *surtout si la visite*
« *était faite à une époque déjà éloignée de l'ac-*
« *couchement.* »

Et page 415 :

« De sorte, qu'après *dix à quinze jours*, il
« devient impossible de statuer sur la *réalité*
« *et l'époque* d'un accouchement. »

« Voici ce que nous trouvons dans le *Manuel complet de médecine légale*, par le professeur Sédillot, membre de l'Institut, page 40 :

« La présence du placenta fournit une preuve
« décisive, tandis qu'à la rigueur quelques uns
« des premiers signes pourraient dépendre de
« l'expulsion d'une môle, et que le volume de
« l'utérus pourrait tenir à une affection parti-
« culière de cet organe. »

« Je ne veux pas citer d'autres auteurs, ils sont tous d'accord à ce sujet.

« Mon rapport a donc été conforme aux signes que j'avais pu recueillir ; il se trouve d'accord avec la doctrine de nos auteurs les plus autorisés.

« Il est vrai que mon confrère, le docteur Baley, a donné ensuite des conclusions plus positives. Assurément, mais vous oubliez un détail qui change tout : c'est qu'il avait pour préciser ses conclusions, le corps du délit lui-même, le cadavre de l'enfant et les aveux de la femme. Pour moi, il s'agissait de rechercher les preuves d'un accouchement ; pour lui, il n'y avait qu'à constater les circonstances d'un accouchement qui était avéré.

« Plusieurs de mes amis m'ont fait observer que vous aviez peut-être la naïveté de croire que la consultation donnée antérieurement par moi à cette femme, aurait dû me donner la preuve de l'accouchement.

« D'abord, je ne puis être tenu de me rappeler toutes les personnes qui viennent chez moi me donner vingt sous pour une consultation. Ensuite, ce renseignement n'aurait pu me servir en rien. J'avais présumé une grossesse ; c'était un simple *soupçon* et rien de plus. Lorsque j'examine ensuite la femme, ce n'est plus un *soupçon*, c'est une *certitude complète* qu'il s'est produit dans l'utérus quelque choses qui est *probablement un fœtus*. Je recueille des signes *positifs* d'une affection utérine ; aucun commémoratif ne peut avoir cette importance si ce n'est la constatation antérieure de la grossesse, et je ne pouvais la constater à l'époque où cette femme est venue me trouver, je ne pouvais que la soupçonner. Le 18 février, il ne s'agissait pas de savoir s'il s'était passé quelque chose dans l'utérus, mais bien quelle était l nature de ce quelque chose, et mon examen antérieur ne pouvait m'être pour cela d'aucune utilité.

« Il y aurait peut-être quelque chose à ajouter sur ce que j'ai dit dans mon rapport, de la possibilité d'autre chose qu'un accouchement. Non seulement, en effet, une môle ou une tumeur fibreuse de l'utérus pourraient laisser à leur suite un état semblable, mais même une ascite ou une tumeur abdominale quelconque, si elle a été accompagnée de métrite.

« Vous m'accusez de raisonner sur une exception. D'abord, si la môle est fort rare, la tumeur fibreuse de l'utérus est assez commune ; j'ai eu l'occasion d'en observer sept ou huit cas au moins. L'ascite est aussi fort commune ; les tumeurs abdominales et les métrites ne sont pas rares. Un cas de ce genre n'est donc pas une si grande singularité ; mais, fût-il rarissime, il me semble qu'on doit faire mention de cette possibilité dans un rapport médico-légal. C'est, comme vous le dites, une grave mission que remplit un médecin expert. Ce qui doit être sa loi, c'est de ne rien dire que la vérité, mais de la dire toute entière ; de faire connaître la règle, mais aussi l'exception, et surtout de n'affirmer rien sans avoir une certitude absolue. L'accusation ou la défense, il ne doit pas connaître ces deux choses, et peu lui importe à qui son témoignage profite ; il a rempli sa tâche, quand il a communiqué aux autres ce qu'il considère lui-même comme la vérité.

« Vous avez l'extrême indulgence de ne me considérer ni comme ignorant ni comme malhabile. Puisque ma capacité du moins est une chose que vous ne me disputez pas, j'en profite pour vous dire avec nos maîtres qu'un médecin qui affirmerait sans restriction, à un mois d'intervalle, qu'une femme est accouchée, sans en avoir d'autres preuves que celles que je possédais, s'exposerait au remords de faire condamner une innocente, et ferait mettre en doute son habileté professionnelle. En faisant ce que j'ai fait, en déclarant l'accouchement probable, en faisant des réserves pour le cas possible où les symptômes observés tiendraient à une autre cause, on éclaire la justice dans la mesure nécessaire pour lui permettre de continuer ses recherches, sans engager inconsidérément sa réputation médicale par des affirmations absolues. Il n'est permis d'affirmer que lorsqu'on possède la certitude et par exemple lorsque, comme mon confrère, on a des éléments de fait qui mettent une affirmation à l'abri de tout reproche d'imprudence.

« Il est inutile de faire remarquer que lors de mon examen la femme niait énergiquement être accouchée, vous l'avez constaté vous-même,

« Le lendemain, 19 février, le parquet de Châteaulin se rend sur les lieux, *sans médecin*, vers midi, et la femme persévère dans son système de dénégations.

« Le 20, elle se décide à faire des aveux et à présenter le cadavre de son enfant ; *transportée à Châteaulin, elle est examinée, le 23, par mon confrère qui est chargé en même temps de faire l'autopsie de l'enfant.* Pour lui le fait était avéré, il avait simplement à le constater ; pour moi, il fallait en rechercher les preuves.

« Vous voulez abuser contre moi des paroles qu'a prononcées M. le président des assises sous le coup d'une impression malheureuse pour moi, mais qui se serait effacée, j'en suis sûr, à la suite d'une discussion plus approfondie. Malheureusement cette discussion n'était pas possible. M. le président agissait dans l'exercice d'un pouvoir discrétionnaire ; je n'étais, moi, qu'un témoin qui n'avait même pas le droit de réponse. J'ai fait, je pense, tout ce que la situation me permettait, en répondant à M. le président que je ne pouvais accepter un blâme, alors que ma conscience ne me reprochait rien.

« Non certes, elle ne me reprochait rien, et tout le monde le pensera, maintenant que le côté scientifique de la question est éclairci. Et quel intérêt, je vous le demande, pouvais-je avoir à tromper la justice ? car il faudrait au moins un intérêt de quelque importance pour donner un peu de vraisemblance à cette indignité ? Trouvez-le cet intérêt, et essayez de persuader à vos lecteurs que la somme d'un franc reçue de cette fille était l'appât qui me déterminait à soustraire cette bonne cliente au châtiment qui l'attendait.

« C'est peut-être pour ménager son maître. Oui, j'avais fait une visite à sa femme, il y a trois ans environ, peu de jours avant qu'elle mourut ; j'avais reçu 15 francs pour ma visite à 14 kilomètres. Je n'avais eu de rapports qu'avec le beau-père, mort maintenant, et *je ne crois pas avoir jamais parlé au patron de cette fille avant la nuit du* 18 *février.*

« Alors, c'est sans doute pour être agréable à quelque famille puissante et riche ; les hommes *importants,* parents tant du maître que de la domestique, ne sont pas dans ma clientèle et emploient toute leur influence à me retirer des clients.

« Il reste un dernier grief : Vous m'accusez d'être le délégué officiel des comités révolutionnaires.

« Voilà donc le dernier mot, voilà le secret de votre grande colère.

« L'intérêt de la justice, celui de la morale publique, tout cela n'était qu'un prétexte ; tout cela servait uniquement à amener cette conclusion finale : une vengeance à exercer contre un adversaire politique.

« Eh bien, sincèrement, je vous remercie d'avoir eu la naïveté de le montrer. Si vous vous étiez borné à m'attaquer dans mon honneur de médecin, il se serait trouvé sans doute des gens qui auraient pris vos attaques au sérieux. Mais vous me traitez en adversaire et vous me le dites ; dès lors, personne ne peut plus s'y tromper, et il devient évident que c'est à mes opinions politiques beaucoup plus qu'à mes opinions médicales que vous en voulez.

« Je ne sais si je suis, en effet, votre adversaire politique, puisque je ne suis pas bien assuré que vous apparteniez vous-même à un parti politique.

« Du moins, le genre de polémique que vous faites ne me paraît appartenir de sa nature à aucun parti.

« Si vous voulez ma profession de foi, elle sera franche, comme elle l'a toujours été.

« Je suis républicain, parce que je considère la république comme le meilleur et le plus juste des gouvernements.

« Je suis républicain, parce que j'aime mon pays, et que c'est dans le gouvernement républicain que je mets ma confiance pour rendre à la France son ancien rang parmi les nations, pour réduire le plus rapidement possible les impôts que nous a valus une guerre funeste, pour ranimer le commerce et l'industrie et pour accroître ainsi le bien-être général.

« Je suis républicain, parce que je respecte l'ordre, la famille, la propriété, la religion, et parce que ces institutions respectables ne seront jamais mieux garanties que sous un gouvernement qui rend les révolutions inutiles, en assurant le progrès régulier et légal.

« Je suis républicain, enfin, parce que la république est le seul gouvernement qui donne au pays lui-même la direction de ses affaires.

« Telles sont les opinions que je défendrai par mon vote et par mon vote seul ; car rien n'est plus différent d'un républicain qu'un factieux.

« Quant à être le délégué de je ne sais quel comité révolutionnaire, je vous mets au défi de trouver la moindre preuve à l'appui de cette nouvelle calomnie. Je ne connais aucun comité, révolutionnaire ou autre, et je n'en suis pas par conséquent le délégué officiel ou non officiel. Ce serait là un délit contre les lois existantes, et si je l'avais commis, si on avait seulement pu *soupçonner* que je l'eusse commis, vous savez bien qu'il n'eût pas manqué d'*âmes charitables autour de moi* pour le faire réprimer.

« Je termine cette longue réponse avec la

conviction d'avoir suffisamment démontré :

1° Que vous avez voulu abuser l'opinion publique en insinuant que j'avais tenté de faire avorter la fille Bourhis.

2° Que vous avez voulu abuser l'opinion publique en affirmant que j'avais tenté d'égarer les recherches de la justice.

« 3° Que vous avez voulu abuser l'opinion publique en me prêtant le titre de délégué révolutionnaire.

« Je devais ces explications à mon bonheur privé que vous avez essayé d'atteindre, et à la vérité que vous avez étrangement méconnue. Mais je ne vous tiens pas quitte à si bon compte, et je ne vous surprends point sans doute en vous annonçant que je soumets votre article à la juridiction compétente. Elle décidera s'il est permis d'abuser à ce point du droit de critique pour nuire à la considération professionnelle d'un médecin qui a fait son devoir et qui, en se défendant, défend une corporation toute entière contre la témérité de semblables violences.

« Venant de moi, cette réponse ne pouvait suffire. Il me fallait le jugement de mes confrères, des médecins seuls pouvant décider si ma conduite méritait un blâme. J'ai donc adressé mon rapport à mes confrères du département et *trente-six* d'entre eux m'ont envoyé leur appréciation. Les uns *approuvent absolument ma conduite* ; d'autres ne *trouvent rien de blâmable dans mon rapport* ; enfin, quelques-uns *me reprochent d'avoir été* TROP AFFIRMATIF.

« Je ne publierai pas ces lettres, je n'y suis autorisé que pour une vingtaine et on pourrait peut-être encore m'objecter que des médecins de province ne peuvent facilement trancher une des questions de médecine légale les plus difficiles.

« Je me suis donc adressé à Paris, aux médecin spéciaux dont tout le monde est forcé de reconnaître la compétence.

« Il n'y a près la Cour d'appel de Paris que deux médecins experts assermentés : M. le professeur Tardieu qui a bien voulu présider ma thèse ; j'avais du reste l'honneur d'être son élève, ayant passé une année comme externe dans son service à l'Hôtel-Dieu ; et M. le professeur Bergeron. Voici la lettre de M. le professeur Bergeron.

15 Mai 1875.

« Monsieur et cher confrère,

« J'ai lu avec grand soin le rapport que vous avez rédigé dans l'affaire de la fille Bourhis.

« Vous n'avez manqué ni de soin, ni d'attention et votre expertise a été très-consciencieusement faite — on ne peut rien vous reprocher à cet égard.

« Vous n'avez pas cru pouvoir *affirmer* qu'il y ait eu accouchement.

« *Après un mois les signes d'un accouchement même à terme peuvent avoir entièrement disparus.*

« Loin de blâmer votre réserve, je crois au contraire que l'on doit vous en savoir gré. La pratique de la médecine légale est souvent compromise par des médecins qui ont tendance à affirmer trop vite, et souvent sans preuve suffisante.

« On ne saurait cependant se montrer trop scrupuleux, quand du rapport d'un médecin légiste dépendent la liberté et l'honneur d'un accusé.

« Vous pouvez, Monsieur et cher confrère, faire de cette lettre tel usage qu'il vous conviendra, et croire à l'assurance, etc.

« Georges BERGERON. »

« Voici ce que m'écrit M. le professeur Lorain :

« Paris, 11 mai 1875.

« Mon cher et honoré confrère,

« Vous voulez bien faire appel à mes connaissances spéciales en médecine légale ; soyez persuadé que je vous répondrai avec le désir d'être avant tout sincère et véridique.

« Pendant de longues années, j'ai pratiqué la médecine légale sur le vaste théâtre de Paris ; j'y ai appris à être très-réservé et prudent jusqu'à l'excès dans mes conclusions.

« En matière d'accouchement, plus que dans tout autre cas, j'estime que nous devons être très-circonspects et demeurer en deçà de nos impressions, car l'erreur ici est facile et nous devons éviter cette précision exagérée qui nous expose à dire plus que nous n'en savons. J'estime que la justice, dans son zèle sans doute légitime, donne une trop grande importance à nos rapports et nous impose une trop forte part dans la responsabilité commune. Nous devons nous défendre contre les dangers du rôle que nous attribue quelquefois l'accusation

« Quant aux appréciations que le public incompétent et les personnes qui se chargent officieusement de le renseigner par la voie des journaux, portant sur nos dépositions, je pense qu'il n'y faut pas attacher une trop grande importance dans l'intérêt même de notre indépendance et de notre repos.

« Voici, cher confrère, ma réponse à vos questions.

« 1° Vous ne pouviez pas affirmer absolument la date exacte, le jour de l'accouchement ; en déclarant que cette femme était probablement accouchée depuis quelques semaines, mais sans rien préciser, vous demeuriez dans votre droit.

« 2° Deux experts peuvent se trouver en désaccord et être de la meilleure foi du monde.

« 3° Bien que j'aie, depuis les premières années de ma vie médicale, pratiqué les accouchements, que j'ai été attaché comme interne pendant 18 mois à la Maternité et que je sois à la tête d'un grand service d'accouchement, je me sens plus timide que jamais en matière de rapport médico-légal sur un cas se rapportant à l'accouchement.

« Je suis, cher confrère, etc.

« P. LORAIN,
« Médecin de la Pitié,
« Professeur à la Faculté de médecine. »

Enfin, il existe à Paris une Société savante qui a été fondée pour faire progresser la science et juger toutes les questions de médecine judiciaire : c'est la Société de médecine légale. Voici la pièce qui m'a été adressée en réponse à cette question. Suis-je blâmable ? Je ne retranche de ce document que la reproduction de mon rapport, et cela pour des raisons que j'ai déjà données.

SOCIÉTÉ DE MÉDECINE LÉGALE.

RAPPORT en réponse à la demande d'avis adressée par M. le docteur Dubuisson, de Châteauneuf-du-Faou.

« Les soussignés : A. Devergie, membre et ancien président de l'Académie de médecine, médecin honoraire des hôpitaux, président de la Société de médecine légale ; Devilliers, membre de l'Académie de médecine et de la Société de médecine légale ; et T. Gallard, médecin de l'hôpital de la Pitié, secrétaire général de la Société de médecine légale,

« Chargés par la Société de médecine légale de France, de prendre connaissance d'un rapport rédigé par M. le docteur Dubuisson, de Châteauneuf-du Faou, le 19 février 1875, dans un cas de présomption d'accouchement récent, et de répondre aux questions posées par l'auteur de ce rapport ; après avoir procédé avec le plus grand soin à l'étude attentive de l'unique pièce qui leur a été communiquée, déclarent donner l'avis suivant, en leur honneur et conscience.

« M. le docteur Dubuisson a été commis par le juge de paix de son canton pour examiner une jeune femme que l'on supposait être récemment accouchée et qui niait alors énergiquement avoir jamais été enceinte, quoique l'instruction soit parvenue à établir depuis, que son accouchement était réel et remontait à 27 jours.

« L'expertise a eu lieu le 18 février, à 10 heures du soir, c'est-à-dire en pleine nuit et avec un mauvais éclairage. Cependant, et tout en faisant ses réserves relativement aux causes d'erreur pouvant résulter de ces conditions défectueuses, l'expert a constaté ce qui suit :

. . . .

« Puis, reprenant chacun de ces signes les uns après les autres pour en apprécier la valeur et chercher à en déterminer la véritable signification, il se livre à une discussion pleine de sagesse et de prudente réserve, discussion que nous croyons devoir reproduire :

. . . .

« En présence de ce rapport si convenablement rédigé, et de ces conclusions si sages, si réservés et si bien déduites, il est facile de répondre que non-seulement l'auteur n'est passible d'aucun blâme, mais qu'il a fait preuve, dans l'accomplissement de son mandat, d'autant de savoir que de tact et d'habileté.

« Il est allé, dans ses conclusions, aussi loin que les données scientifiques lui permettaient d'aller, et si l'expert, qui est venu quelque temps après lui, a pu être plus affirmatif, lorsque la réalité de l'accouchement était déjà mise hors de doute et par les résultats de l'instruction et par les aveux de l'inculpée, il ne faut pas oublier que ces renseignements essentiels manquaient à M. Dubuisson.

« En présence des dénégations persistantes de la femme et avec les seuls éléments d'appréciations que lui avait fourni l'examen direct des organes, il ne devait pas, il ne pouvait pas se permettre d'affirmer, sans restriction, la réalité de l'accouchement; il devait se borner, ainsi qu'il l'a fait, à le constater comme probable, en le faisant remonter approximativement à un mois environ.

« Il n'est pas inutile de remarquer combien cette évaluation approximative était rigoureusement déduite, puisque l'instruction a pu établir *ultérieurement* que l'accouchement datait en effet de 27 jours.

« Envisagé dans son ensemble aussi bien que dans ses détails, le rapport de M. Dubuisson, loin d'avoir eu pour but ou pour effet (comme on le lui aurait, à ce qu'il paraît, reproché) d'égarer la justice, est au contraire rédigé de façon à l'éclairer et à la diriger utilement dans ses investigations. Ce rapport lui signale, en termes très-explicites, la possibilité d'un accouchement récent, remontant à un mois environ, et nous ne serions pas surpris d'apprendre que c'est à ce renseignement précieux qu'elle doit d'avoir été mise sur la trace d'un crime qu'elle est parvenue à constater et à punir.

« Fait et rédigé à Paris, le 18 mai 1875.

« Signé :

T. Gallard ; A. Devergie ; Devilliers. »

De semblables jugements démontrent assez que je suis irréprochable et que la mauvaise querelle que m'a cherché le journaliste incompétent avait pour cause, non pas ma conduite comme médecin, mais bien mes opinions politiques.

Si cependant je me trompais, si c'était de bonne foi et simplement par étourderie que le journaliste ignorant les choses de la médecine, s'était permis de juger une question de médecine légale, il ne lui resterait qu'à s'incliner, à reconnaître son erreur et à regretter d'avoir voulu trancher d'une science qui est regardée comme d'une pratique fort difficile par la grande majorité des médecins.

Je prie mes confrères de croire que ce n'est que contraint et forcé que je publie de semblables documents. Qu'ils veuillent bien se reporter à l'article de l'*Impartial* et ils reconnaîtront qu'une réponse complète et irréfutable était nécessaire pour mon honneur privé et pour l'honneur du corps médical tout entier et d'un grand parti politique qui se trouvaient insultés en commun dans cet article.

Docteur DUBUISSON,

Ancien élève des hôpitaux de Paris ; médaille de bronze (externat 1866) ; lauréat de la Faculté de Médecine de Paris (theses récompensées, 1re mention honorable 1870).

Châteauneuf-du-Faou, 25 mai 1875.

Quimper, imprimerie de CAEN dit LION.

www.ingramcontent.com/pod-product-compliance
Lightning Source LLC
Chambersburg PA
CBHW070459080426
42451CB00025B/2798